超幸運体質になれるゆる〜いワークブック

～たった90日で世界で一番自分を好きになる～

魔法の質問で幸運体質にする
超ゆる〜い引き寄せコーチ　木下 けい

はじめに ── thank you note

あなたは『引き寄せの法則』にどのような印象をお持ちですか？
「おまじない？」「望みが叶う？」「運命が変わる？」、さまざまだと思います。

私には関係ないという人も、これから引き寄せようという人にも、実は宇宙のすべての現象に影響しているものであり、『普遍的な宇宙の原理原則』なのです。

地球上に引力があるように、あなたの『思考』『感情』『行動』から放つ波動に対して共鳴するので、同じ出来事を引き寄せます。

あなたが「満足」「幸福感」を持っていれば、楽しくて幸せな現実が起こり、
あなたが「不足」「不幸感」を持っていれば、足りないものばかりが目に付き、
不幸感を味わう出来事を引き寄せてしまいます。

では、どうやったら「幸せ」を引き寄せることができるのでしょうか？

それは、**一歩ずつ幸せな自分を信じて、行動する『習慣』**でしかないのです。

90日というのは脳のニューロンが習慣化するのに必要な期間だと、
多くの世界のトップコーチや引き寄せのエキスパートが提唱しています。

願いが叶う体質にするためには
『感謝』『褒める』『心のコップを満たす』
の３つが必要不可欠です。

このノートにはあなたの無限のパワーを引き出すためのアドバイスが
ぎっしり！ 詰まっています。

自分にゆる〜くしっくりくる言葉でかまいません。
大切なのは『続ける』ことです。
きっと『最高の自分』に生まれ変わるベースになります。

さあ！ 幸せの引き寄せマスターになりましょう！！

CONTENTS

はじめに　thank you note ………………… 03

90日で自分を好きになる
『ドリームダイアリーメソッド』とは ………… 05

ワークの書き方 ……………………………… 13

① 人生の9つの分野 …………………… 19
② オーラを身にまとう ………………… 26
③ 自己愛 …………………………………… 33
④ 両親との繋がり ……………………… 40
⑤ 愛される存在 ………………………… 47
⑥ 自分の嫌なところ（自分調律）………… 54
⑦ 自分の欠点を許し、アイラブミーに …… 61
⑧ 成功・達成リスト ……………………… 68
⑨ 生きている貢献 ……………………… 75
⑩ 叶えたい・チャレンジしたい25のリスト … 82
⑪ 成功・夢・幸せ ……………………… 89
⑫ 人間関係 ……………………………… 96
⑬ 本当の望みを知る（在り方）………… 103
⑭ 他者の喜び …………………………… 110
⑮ 自分に応援 …………………………… 117

　上記の各項目の前に、基本となる「感謝ワーク」が
　5日分含まれております。

おわりに　to soul mate ……………………… 119

90日で自分を好きになる
『ドリームダイアリーメソッド』とは

■ 見えない世界のことを探求し続けて生れたメソッド

生きていると「理想と現実」のギャップを埋められず、人生に無力さを感じる時は誰にでもあると思います。人は理想と現実のギャップが大きいほど、自己肯定感が低くなり、「自分には価値がない、自分はダメだ」「理想と現状はこんなに違う……」など、今の自分を認められなくなります。自己肯定感が下がるほど、強烈な自己否定をしてしまうようになり、嫉妬や批判で精神衛生を保とうとするのです。自分で自分を評価できないため、他人の評価を異常に気にしてしまいます。そうなると思考・肉体・感情が不健康になるのです。

私は過去にホームレス社長になったことがあり、多額の借金だけが残りました。「人生のどん底に来た。もう自分には理想を掴み、幸せになるチャンスは訪れないかもしれない」。この考え方がチャンスを引き寄せるどころか、理想を遠ざけていたのです。

ある日、書籍を読み漁っていると、ナポレオン・ヒルの『思考は現実化する』（きこ書房）という本の「意識と行動はセット」という言葉にインスピレーションを感じました。もう失うものなどなかった私は、とにかくなんでもやってみようという思いから、嘘でもいいから「自分はできる」という思い込みを始めました。

また、多くの著名人の書籍に綴られた「感謝をすることで現実が変わる」という言葉が目に入り、今ある小さな感謝を数えるようにしました。すると少し現実が変わり、業績が上がり始めたのです。

でも、まだ心の不幸感や不足感、無価値観がぬぐい切れなかった私は、その利益で、アメリカのトップコーチや著名な心理カウンセラーにも教えを請い、心理学や脳科学だけでなく『引き寄せの法則』や『宇宙の法則』といった、目に見えない世界のことを探求し続けてきました。それらをまとめて『ドリームダイアリーメソッド』と名付けました。

そこで出会ったメンターたちから確信を得たことは、「理想の自分になるには自己肯定感を上げること」。それが自己愛と引き寄せに繋がるということでした。自己肯定感を上げるとは、思考・行動・感情のエネルギーを上げることです。それぞれを上げることができるのが『ドリームダイアリーメソッド』の魔法の質問なのです。

例えば、思考のエネルギーを上げる方法は、『リフレーム』といって、「今、自分が感じているマイナスの物事をプラスの物事だとしたら、どんな解釈ができるだろう？」と考えてみることで、少しずつ人を裁くことがなくなり、自分にもダメ出しをしなくなります。それを「統合」といい、結果、自分のことを愛し続けられる思考になるのです。また、自分が欠点だと思い込んでいることにもOKを出すことで、自己肯定感も上がります。そんな思考エネルギーを上げるさまざまな質問が本書にあります。

行動のエネルギーを上げるためには、他人に対していつもより少し笑顔で対応したり、マンションの玄関などの共有スペースを掃除したり、椅子を戻したりすること。また他人が喜びそうなことを自ら考え、実践することで「調和」といった宇宙に応援されるエネルギーを身にまとうことができます。また自分が心から挑戦したいことに耳を傾けて、行動させてあげることで自分との関係性が良好になります。そんな行動を導き出すワークもあります。

おかげで、私は今、外部環境に左右されない自由で豊かで幸せな存在になりました。

本書にあるワークは、私が実際にやってきた内容でもあり、数々のメンターから学んだ心理学・脳科学・量子物理学から読み解き体系化したものが『ドリームダイアリーメソッド』のメインコンテンツです。過去の観念を書き換え、自己肯定感を上げ、思考を望しいものにする『魔法の質問集』なのです。

例えば、心理学の観点からだと、日々の自分との対話で本音を聞き出してあげることの大切さを学びました。心理学の基本といわれている「交流分析」の開発者である精神科医・心理学者エリック・バーンは、その人が「無意識に作くる人生計画」＝「人生脚本」があると言っています。この人生計画は、人が生まれてから2～3才までに主として両親とのやり取りの影響を強く受け、本人が「決断」して持ち続けているものです。人生のルールを司る意識の領域を書き換えることで、出せる結果が変わることが実証されています。その心理学で学び、シンプルな質問をすることで過去が癒され、解釈が変わり、感情のエネルギーが上がります。

心（目に見えない世界）が現実（目に見える世界）の原因になっています。以前は一握りの人たちの間でしか共有されていなかったこの人生創造の真実は、2006年に大ヒットした、人生の成功者が多数出演する映画「ザ・シークレット」がきっかけとなって急速に世界的に広がりつつあります。自己啓発やコーチング、心理学の世界でも、この「人生の見えないルールを書き換えることこそが、自分が望む人生を送れるようになる答えだ」という考え方が近年、特に2013年あたり以降から定説になってきています。

願望実現や外部環境に左右されない、自由で豊かで幸せな存在になれるかどうかは「体質（精神的反応傾向）次第」ということ。そこで確信するに至った、たった一つの真実……。つまり、「体質を改善すれば、理想は必然的に手に入る」というとわかりづらいかもしれませんが、「目には見えない心の在り方や思考パターン脳内のプログラムを修正することで望む現実を手に入れることができる」ということです。

脳科学的には現実か非現実かはどうでもよく、近年の大脳生理学と心理学の研究で、人の心、脳の働きや願望の実現との関係が解明されつつあります。それによると、「イメージやビジョン」がいきいきと描ける人ほど、思いどおりの人生が送れることがわかってきました。つまり、「イメージ」と「成功」には、密接な関係があることがわかってきたのです。

量子力学の世界から紐解くと、「この世の目に見えるものも、見えないものも、すべてはエネルギーでできていている」とアインシュタインが提唱しています。私たちが感じている思考ですらエネルギーでできていて、エネルギーは「波動」ともいわれ、同じ波動のものを引き寄せたり、思考が物質化すると物理学者は言っています。

感謝のワークは、今日という日を生きていること、人生を楽しめているということを実感できます。「自分にはいいことなんて起こらない」という思いは不安や恐怖に支配され、感謝からは、愛、喜び、自由という宇宙の恵みを受け取ることができます。

この地球上に暮らす多くの人は、自分の五感で感知できるものが世界のすべてだと考えています。人間の五感がそこまであてにならないことは、科学的に何度も証明されてきています。感謝の周波数に乗ると大きなものとつながることができます。

私自身も、『引き寄せの法則』の正しい活用法を知り、現実が好転するセッションやアドバイスをしてきました。大好きなことだけやってお金と時間と場所の制約から解放され、幸福感が増えてきました。現在は、その経験を活かして、世界中の日本人の方々にコンサルティングを行っています。

心の中にもやもやと存在するものの輪郭すらつかめず、イメージはおろか、言葉にもできないという人はたくさんいます。いえ、ほとんどがそのような人たちなのかもしれません。では、その人たちはどうしたら、自分の夢を形にすることができるのでしょうか。

大丈夫です。その答えの一つが、『ドリームダイアリーメソッド』なのです。

本書にあるワークは、私が実際にやってきた内容であり、心理学・脳科学・量子物理学から読み解き体系化したものが『ドリームダイアリーメソッド』のメインコンテンツになっています。

生きづらさを感じている人や、幸福や価値観を求めている多くの方に伝えたい、自分のように精神が壊れそうになった人の支えになりたい、また本当の可能性で生きて欲しい、そして自由で幸せな存在になってもらいたい、という強い思いからこの《90日のワークブック》を書きました。

■思い込みができるプロセス

「本当は自分を好きになりたいのに、なかなか好きになれない」というのが、多くの方々の本音ではないでしょうか。そのような人の原因の大半は、幼少期に一度作り上げた『思い込み』（心理的ポジション）からきていることが心理学や脳科学で立証されています。

人は「思い込み」によって人生の「良い・悪い」を決めています。その材料となるのが『情報』です。人は1日に6万回思考しているといわれています。毎秒毎秒、入ってくる情報は膨大な量なので、いちいち意識していると脳がパニックを起こしてしまいます。そんな膨大な情報を脳ですべて処理するのはとても無理なのです。そのため、人の脳にはすばらしい機能である網様体賦活系（もうようたいふかつけい）＝RAS というフィルターが脳の視床下部に存在しています。そこが「思い込み」を作り、強化する臓器だといわれています。RAS は視覚と聴覚を調整し、それ以外の情報を遮断しようとしてくれるのです。

このように人が長い時間をかけて作った「思い込み」つまり、「脳のクセ」があなたの引き寄せる世界そのものなのです。

「思い込み」の波動によって、引き寄せる現実を決定しているのならば、RAS に「自分を好きになる情報」を入れることが自分を好きになる唯一の方法となります。しかし「思い込み」は一度のセミナーや講座などで書き換えることは困難です。

なぜならば、人は恒常性という身体的機能があり、その状態が乱されようとする時に、もとの状態に戻すような生理的機序が無意識に働くからです。これは学術的にも証明されています。

望ましい「思い込み」にするには、言葉や意識のトレーニングで脳のニューロンに変化を起こし、一定期間続けることです。誰にでも簡単に望ましいものに書き換えることが可能なのです。それがこの《90日のワークブック》にある魔法の質問です。

どれもシンプルで簡単な質問で、私が2014年から授かった世界のトップコーチのエッセンス、心理学、脳科学に基づき、受講生様に結果の出たものばかりです。

■《90日のワークブック》の3つの力

①幼少時代からの解釈のクセを自分にとって一番望ましい思考のパターンに修正していくことで、日常の変化が期待できます。

②自己肯定感や自己愛にフォーカスしています。

③夢や幸せにしか意識が向かなくなるので、毎日楽しく取り組んでいただけます。

私は自分を好きになることは、現在の学校や親元教育では知ることのできない人生の大切なテーマだと考えています。あなたの未来は、あなたがあなたをどれだけ愛しているかで変わります。

あなた自身が外部環境に左右されない自由で豊かで幸せな存在になってもらうこと。それがこの《90日のワークブック》に込めた思いです。

自分を知り、自己愛を高めることで、自分と繋がる喜びを体験していただけるでしょう。そのためのツールとして、《90日のワークブック》をぜひご活用ください。

■《90日のワークブック》の使い方

この《90日のワークブック》は、90日かけて行います。基本となる感謝のワークを5日行い、6日めにさらに深く自分と向き合うことができる15つのルールのワークを1日行う、これが1サイクルとなります。

90日後、あなたは世界が変わっていることに気がつくでしょう。それは、日々感謝したことで現実が変わったのです。90日が終っても、ぜひワークは続けてください。

※ワークの書き方については、p13をご覧ください。

ワークの書き方

深呼吸して、リラックスしてから書きましょう

年　月　日　　　　　　　　　　　　　　　　　　　90day's Thanks

感謝リスト

- 天気がよくて気持ちいい！　太陽ありがとう！
- 今日も電車が時間どおりに来た！　ありがとう！
- 庭の朝顔が咲いた！　嬉しい！　ありがとう！
- 仕事が定時で終わってラッキー！　ありがとう！
- 友だちからメッセージが来た！　遊びのお誘い♡ありがとう！
- 彼から電話がきた！　元気そうな声が聴けて嬉しい！　ありがとう！

今日1日を振り返り、感謝できることを書き出してみましょう。特別なことだけではなく、普段当たり前だと思っていることに「ありがとう」と感謝の気持ちを届けてあげましょう！

当たり前だと思っていることから恩恵を探ってみましょう。
あなたが一番感謝が大きかったものはどれですか？　マルをしましょう。

自分褒めリスト

- 午前中に効率を考えながら仕事をやるようにしたら、早く終わった！私ってすごい！
- 友だちからのメールにすぐ返信する私ってマメ♡私って友だち思い！
- 彼からの電話に感謝の気持ちをすぐに伝えた。私って素直で可愛い！

今日1日の自分の言葉、行動を振り返り、自分自身を褒めましょう！　褒めながら頭をなでなでしたり、自分の良さを感じてみましょう！

本音リスト

- 会社で自分の意見を伝えたかったが、否定されるのが怖くて言えなかった。本当は自分の意見の方が効率的だと説明したかった！
- 本当は嬉しかったので、両親にありがとうって伝えたかった！
- ○○のバカ！もっと優しくしてほしかった。

今日1日の自分の本音と感情にお付き合いすることで、脳幹が安定し、自分との関係性がどんどん良くなります。また書き出すことで、軽くなります。

年　　月　　日　　　　　　　　　　　　　　　　　　　　　　　　90day's Thanks

感謝リスト

当たり前だと思っていることから恩恵を探ってみましょう。あなたが一番感謝が大きかったものはどれですか？　マルをしましょう。

自分褒めリスト

本音リスト

「本を1ページ読んだ」「小さな挑戦ができた」など、ほんの些細なことでも良いのです。

あなたが今日楽しかったことも、楽しくなかったことも書きましょう。

14

年　月　日　　　　　　　　　　　　　　　　　　　90day's Thanks

感謝リスト

当たり前だと思っていることから恩恵を探ってみましょう。あなたが一番感謝が大きかったものはどれですか？　マルをしましょう。

自分褒めリスト

本音リスト

「本を1ページ読んだ」「小さな挑戦ができた」など、ほんの些細なことでも良いのです。

あなたが今日楽しかったことも、楽しくなかったことも書きましょう。

年　月　日　　　　　　　　　　　　　　　　　　　　　　　　　　90day's Thanks

感謝リスト

当たり前だと思っていることから恩恵を探ってみましょう。あなたが一番感謝が大きかったものはどれですか？　マルをしましょう。

自分褒めリスト

本音リスト

「本を1ページ読んだ」「小さな挑戦ができた」など、ほんの些細なことでも良いのです。

あなたが今日楽しかったことも、楽しくなかったことも書きましょう。

16

年　　月　　日　　　　　　　　　　　　　　　　　　　　　　　90day's Thanks

感謝リスト

当たり前だと思っていることから恩恵を探ってみましょう。あなたが一番感謝が大きかったものはどれですか？　マルをしましょう。

自分褒めリスト

「本を1ページ読んだ」「小さな挑戦ができた」など、ほんの些細なことでも良いのです。

本音リスト

あなたが今日楽しかったことも、楽しくなかったことも書きましょう。

年　月　日　　　　　　　　　　　　　　　　　　　　　　　　90day's Thanks

感謝リスト

当たり前だと思っていることから恩恵を探ってみましょう。あなたが一番感謝が大きかったものはどれですか？　マルをしましょう。

自分褒めリスト

「本を1ページ読んだ」「小さな挑戦ができた」など、
ほんの些細なことでも良いのです。

本音リスト

あなたが今日楽しかったことも、
楽しくなかったことも書きましょう。

18

理想の自分になるためには、まず自分の現在地を知ることが大切です。『人生の9つの分野』に対し、良いと思った自分の望ましい状況のシーンを具体的にイメージして、音、匂いなどを感じてみましょう。また、自分に望ましくない状況も具体的に書いて、理解してあげましょう。そして理想とのギャップにフォーカスするのではなく、各分野のレベルに対し、現時点ですでに持っている些細な豊かさを探してみましょう。どんなサイズであれ、豊かさにフォーカスすることによって、豊かさの波動が体から出ます。意識したものを強化させる脳の働きにより、あなたはさらに豊かさの波動が上がります。そこで理想の現実に近づくための「きっかけ」がインスピレーションによってやってきます。これからより良い人生を目指して、どんどんアウトプットしていきましょう！　そうするとあなたの成長は加速します。

年　　月　　日　　　　　　　　　　　　　　　　　　　　

---

① 人生の9つの分野について10段階で点数をつけてください。

	1	2	3	4	5	6	7	8	9	10
1．お金										
2．仕事・キャリア										
3．教育・スキル										
4．家族・子育て・パートナー										
5．健康・美容										
6．社交										
7．精神面の健康										
8．環境										
9．時間・趣味										

② 1年後、すべての分野がうまくいき、レベル10に達していたとしたら、どのような状態になっているのか、具体的に書き出してみてください。

③ 現状の点数とレベル10の中間は、どのような状態なのか、具体的に書き出してみてください。

分野のうちの一つを 90日後の目標にしてみましょう。
その時のあなたはどんな気持ちでどんな態度で生きているのか、今、味わってみましょう。
それを毎日意識してください。

④ 1年経って、自分が置かれている状況が全く変わっていなかったとしたらどのように感じますか？　書き出してください。

⑤ 変わっていない状況に対して、困ることや嫌なこと、デメリットがあったら書き出してください。

年　月　日　　　　　　　　　　　　　　　　　　　　　　　　90day's Thanks

感謝リスト

当たり前だと思っていることから恩恵を探ってみましょう。あなたが一番感謝が大きかったものはどれですか？　マルをしましょう。

自分褒めリスト

本音リスト

「本を1ページ読んだ」「小さな挑戦ができた」など、ほんの些細なことでも良いのです。

あなたが今日楽しかったことも、楽しくなかったことも書きましょう。

年　月　日　　　　　　　　　　　　　　　　　　　　　　　　90day's Thanks

感謝リスト

当たり前だと思っていることから恩恵を探ってみましょう。あなたが一番感謝が大きかったものはどれですか？　マルをしましょう。

自分褒めリスト

「本を1ページ読んだ」「小さな挑戦ができた」など、ほんの些細なことでも良いのです。

本音リスト

あなたが今日楽しかったことも、楽しくなかったことも書きましょう。

年　月　日　　　　　　　　　　　　　　　　　　　90day's Thanks

感謝リスト

当たり前だと思っていることから恩恵を探ってみましょう。あなたが一番感謝が大きかったものはどれですか？　マルをしましょう。

自分褒めリスト

本音リスト

「本を1ページ読んだ」「小さな挑戦ができた」など、ほんの些細なことでも良いのです。

あなたが今日楽しかったことも、
楽しくなかったことも書きましょう。

年　　月　　日　　　　　　　　　　　　　　　　　　　　　　　　　　90day's Thanks

感謝リスト

当たり前だと思っていることから恩恵を探ってみましょう。あなたが一番感謝が大きかったものはどれですか？　マルをしましょう。

自分褒めリスト

本音リスト

「本を1ページ読んだ」「小さな挑戦ができた」など、ほんの些細なことでも良いのです。

あなたが今日楽しかったことも、楽しくなかったことも書きましょう。

年　月　日　　　　　　　　　　　　　　　　　　　　　　　　90day's Thanks

感謝リスト

当たり前だと思っていることから恩恵を探ってみましょう。あなたが一番感謝が大きかったものはどれですか？　マルをしましょう。

自分褒めリスト

本音リスト

「本を1ページ読んだ」「小さな挑戦ができた」など、ほんの些細なことでも良いのです。

あなたが今日楽しかったことも、楽しくなかったことも書きましょう。

25

ルール2 オーラを身にまとう

あなたはどんな時に自分の「自信」や「魅力」を感じますか？　自分には自信や魅力がないと思っている方ほど、悩みは多くなります。例えば、「人前で話す自信がない」「私には魅力がない」「私はパートナーに愛されているだろうか」「自分の子育てに自信がない」といった場合、「何かを持っている」とか、「何かができる」という思いに至った時のみ、自分の中に自信や魅力がある状態という考えに偏っているかもしれません。実は自信や魅力は、何かを手に入れたり、何かができなくても、今この瞬間、いつでも感じることができるのです。元々私たちは、生まれたばかりの時から自信を持っていたのです。だからこそ堂々と周りの大人に対し、泣いたり、喜んだりして、自分のしたいことをしてきたのです。心から無条件で自信をつけること。自分以外の誰かにどう思われてもよいのです。自分自身の良い所を見つけるように意識してください。素敵な所が無限にあることを認めると、セルフイメージ・幸福感が上がります。

年　月　日　　　　　　　　　　　　　　　　　　　90day's Thanks

自分の良い所を思いつくだけ書き出してみましょう。

年　　月　　日　　　　　　　　　　　　　　　　　　　　　　　　　90day's Thanks

感謝リスト

当たり前だと思っていることから恩恵を探ってみましょう。あなたが一番感謝が大きかったものはどれですか？　マルをしましょう。

自分褒めリスト

「本を1ページ読んだ」「小さな挑戦ができた」など、ほんの些細なことでも良いのです。

本音リスト

あなたが今日楽しかったことも、楽しくなかったことも書きましょう。

年　　月　　日　　　　　　　　　　　　　　　　　90day's Thanks

感謝リスト

当たり前だと思っていることから恩恵を探ってみましょう。あなたが一番感謝が大きかったものはどれですか？　マルをしましょう。

自分褒めリスト

本音リスト

「本を1ページ読んだ」「小さな挑戦ができた」など、ほんの些細なことでも良いのです。

あなたが今日楽しかったことも、楽しくなかったことも書きましょう。

年　月　日　　　　　　　　　　　　　　　　　　　　90day's Thanks

感謝リスト

当たり前だと思っていることから恩恵を探ってみましょう。あなたが一番感謝が大きかったものはどれですか？　マルをしましょう。

自分褒めリスト

本音リスト

「本を1ページ読んだ」「小さな挑戦ができた」など、ほんの些細なことでも良いのです。

あなたが今日楽しかったことも、楽しくなかったことも書きましょう。

年　　月　　日　　　　　　　　　　　　　　　　　　90day's Thanks

感謝リスト

当たり前だと思っていることから恩恵を探ってみましょう。あなたが一番感謝が大きかったものはどれですか？　マルをしましょう。

自分褒めリスト

本音リスト

「本を1ページ読んだ」「小さな挑戦ができた」など、ほんの些細なことでも良いのです。

あなたが今日楽しかったことも、楽しくなかったことも書きましょう。

年　月　日　　　　　　　　　　　　　　　　　　　　90day's Thanks

感謝リスト

当たり前だと思っていることから恩恵を探ってみましょう。あなたが一番感謝が大きかったものはどれですか？　マルをしましょう。

自分褒めリスト

本音リスト

「本を1ページ読んだ」「小さな挑戦ができた」など、ほんの些細なことでも良いのです。

あなたが今日楽しかったことも、楽しくなかったことも書きましょう。

ルール3 自己愛

　まず、息を吐いてから深呼吸をしましょう。リラックスしたら、幼少期の自分を目の前に立たせてあげてください。　今、目の前にいるあなたはどんな表情であなたを見ているでしょうか？　そして、ゆっくりと優しく抱きしめて、ぬくもりを感じてあげましょう。心が温かくなってきたら、幼い自分の耳元で伝えたい「ありがとう」、または、伝えられなかった「ありがとう」と、「謝りたいこと」「謝っておきたかったこと」を声に出してから、その言葉をすべて書き出してみましょう。深い愛を感じることができれば現実が変わります。今まで付き合ってくれた自分自身と向き合いましょう。あなたはずっとあなたについてきてくれた、世界の誰よりも大切な人です。もし、この先疲れてしまったら、休ませてあげてください。労ってあげてください。そして十分に褒めてあげてください。幸せも豊かさも可能性はあなた自身です。

年　　月　　日 90day's Thanks

- 自分へのありがとうを書き出してみましょう。
- 自分へのごめんなさいを書き出してみましょう。

年　月　日　　　　　　　　　　　　　　　　　　　　90day's Thanks

感謝リスト

当たり前だと思っていることから恩恵を探ってみましょう。あなたが一番感謝が大きかったものはどれですか？　マルをしましょう。

自分褒めリスト

本音リスト

「本を1ページ読んだ」「小さな挑戦ができた」など、ほんの些細なことでも良いのです。

あなたが今日楽しかったことも、楽しくなかったことも書きましょう。

年　月　日　　　　　　　　　　　　　　　　　　　　　　　　　　　　90day's Thanks

感謝リスト

当たり前だと思っていることから恩恵を探ってみましょう。あなたが一番感謝が大きかったものはどれですか？　マルをしましょう。

自分褒めリスト

本音リスト

「本を1ページ読んだ」「小さな挑戦ができた」など、ほんの些細なことでも良いのです。

あなたが今日楽しかったことも、楽しくなかったことも書きましょう。

年　　月　　日　　　　　　　　　　　　　　　　　　　　　90day's Thanks

感謝リスト

当たり前だと思っていることから恩恵を探ってみましょう。あなたが一番感謝が大きかったものはどれですか？　マルをしましょう。

自分褒めリスト

本音リスト

「本を1ページ読んだ」「小さな挑戦ができた」など、ほんの些細なことでも良いのです。

あなたが今日楽しかったことも、楽しくなかったことも書きましょう。

年　　月　　日　　　　　　　　　　　　　　　　　　　　　90day's Thanks

感謝リスト

当たり前だと思っていることから恩恵を探ってみましょう。あなたが一番感謝が大きかったものはどれですか？　マルをしましょう。

自分褒めリスト

「本を1ページ読んだ」「小さな挑戦ができた」など、ほんの些細なことでも良いのです。

本音リスト

あなたが今日楽しかったことも、楽しくなかったことも書きましょう。

年　月　日　　　　　　　　　　　　　　　　　　　　　　　　　　90day's Thanks

感謝リスト

当たり前だと思っていることから恩恵を探ってみましょう。あなたが一番感謝が大きかったものはどれですか？　マルをしましょう。

自分褒めリスト

「本を1ページ読んだ」「小さな挑戦ができた」など、ほんの些細なことでも良いのです。

本音リスト

あなたが今日楽しかったことも、楽しくなかったことも書きましょう。

ルール4 両親との繋がり

『両親との繋がり』と『引き寄せ』の関係性は、一般には知られていないかもしれません。というより、あまり重要だと思われていないのか「どうしようもないから考えても仕方ない」と思われがちです。実は、両親との関係と引き寄せの法則は、切り離して語ることが不可能なほど密接に関係しています。父親との関係は『社会性』、母親との関係は『人間関係』に影響しています。引き寄せの法則をうまく活用できる人と、活用できない人の違いは、これをきちんとできているかどうかの違いだったりします。両親を否定したり、両親に抵抗を感じている時は、自分のことを半分しか愛せていません。物事には『両極の法則』といってポジティブとネガティブがあり、コインの裏と表のように表裏一体になっています。両親もあなたも人間なので完璧ではありません。至らない所があるから人間なのです。「どんな両親も許してあげましょう」。許しがあなたに生まれたら一気に自分が好きになり、世界が変わり始めます。

年　月　日　　　　　　　　　　　　　　　　　　　　　90day's Thanks

> 過去から現在にかけて書き出してみましょう。

あなたの主観	父	母
悪いところ（嫌いなところ）		
良いところ（好きなところ）		

年　月　日　　　　　　　　　　　　　　　　　　　　　　　　　　　　90day's Thanks

感謝リスト

当たり前だと思っていることから恩恵を探ってみましょう。あなたが一番感謝が大きかったものはどれですか？　マルをしましょう。

自分褒めリスト

本音リスト

「本を1ページ読んだ」「小さな挑戦ができた」など、ほんの些細なことでも良いのです。

あなたが今日楽しかったことも、楽しくなかったことも書きましょう。

年　　月　　日　　　　　　　　　　　　　　　　　　　　　　　　　90day's Thanks

感謝リスト

当たり前だと思っていることから恩恵を探ってみましょう。あなたが一番感謝が大きかったものはどれですか？　マルをしましょう。

自分褒めリスト

本音リスト

「本を1ページ読んだ」「小さな挑戦ができた」など、ほんの些細なことでも良いのです。

あなたが今日楽しかったことも、楽しくなかったことも書きましょう。

43

年　月　日　　　　　　　　　　　　　　　　　　　　　90day's Thanks

感謝リスト

当たり前だと思っていることから恩恵を探ってみましょう。あなたが一番感謝が大きかったものはどれですか？　マルをしましょう。

自分褒めリスト

「本を1ページ読んだ」「小さな挑戦ができた」など、ほんの些細なことでも良いのです。

本音リスト

あなたが今日楽しかったことも、楽しくなかったことも書きましょう。

年　　月　　日　　　　　　　　　　　　　　　　　　　　　　90day's Thanks

感謝リスト

当たり前だと思っていることから恩恵を探ってみましょう。あなたが一番感謝が大きかったものはどれですか？　マルをしましょう。

自分褒めリスト

本音リスト

「本を1ページ読んだ」「小さな挑戦ができた」など、ほんの些細なことでも良いのです。

あなたが今日楽しかったことも、楽しくなかったことも書きましょう。

年　月　日　　　　　　　　　　　　　　　　　　90day's Thanks

感謝リスト

当たり前だと思っていることから恩恵を探ってみましょう。あなたが一番感謝が大きかったものはどれですか？　マルをしましょう。

自分褒めリスト

本音リスト

「本を1ページ読んだ」「小さな挑戦ができた」など、ほんの些細なことでも良いのです。

あなたが今日楽しかったことも、楽しくなかったことも書きましょう。

ルール5 愛される存在

両親・息子・娘・兄弟・姉妹・友だち・パートナー・おじいちゃん・おばあちゃん・先生・メンター・お客様・ご近所の方など、あなたが過去に愛されていたり、大切にされた出来事を主観と直感で、どんな些細なことでも遠慮せずに書き出してください。あなたは人生で辛いことや悲しいことをたくさん経験してきたかもしれません。でも、あなたの心に刻んで欲しいことがあります。あなたはどんな時でもいつだって「誰か」に愛されていたのです。世界中の全員に愛されることも、愛されないこともできません。必ず、あなたを愛する人が存在するのです。また、愛のエネルギー無しであなたはここに存在していないのです。あなたはどこにいても、無条件で誰かに愛される存在というのが真実なのです。そして一番大切なのは、いつでもあなたがあなたの味方であり、愛すること。あなたが愛に溢れている存在だということに気づくと、あなたを大切にしてくれる人が現れるのです。

年　月　日　　　　　　　　　　　　　　　　　　　　　　　　　　90day's Thanks

大切にされた出来事を主観と直感で、どんな些細なことでも遠慮せずに書き出してください。

-
-
-
-
-
-
-
-
-
-
-
-
-
-
-
-
-
-
-
-

-
-
-
-
-
-
-
-
-
-
-
-
-
-
-
-
-
-
-
-

年　　月　　日　　　　　　　　　　　　　　　　　　　　90day's Thanks

感謝リスト

当たり前だと思っていることから恩恵を探ってみましょう。あなたが一番感謝が大きかったものはどれですか？　マルをしましょう。

自分褒めリスト

本音リスト

「本を1ページ読んだ」「小さな挑戦ができた」など、ほんの些細なことでも良いのです。

あなたが今日楽しかったことも、楽しくなかったことも書きましょう。

年　月　日　　　　　　　　　　　　　　　　　　　　　　　　　　　　　90day's Thanks

感謝リスト

当たり前だと思っていることから恩恵を探ってみましょう。あなたが一番感謝が大きかったものはどれですか？　マルをしましょう。

自分褒めリスト

本音リスト

「本を1ページ読んだ」「小さな挑戦ができた」など、ほんの些細なことでも良いのです。

あなたが今日楽しかったことも、楽しくなかったことも書きましょう。

年　　月　　日　　　　　　　　　　　　　　　　　　　　　　90day's Thanks

感謝リスト

当たり前だと思っていることから恩恵を探ってみましょう。あなたが一番感謝が大きかったものはどれですか？　マルをしましょう。

自分褒めリスト

本音リスト

「本を1ページ読んだ」「小さな挑戦ができた」など、ほんの些細なことでも良いのです。

あなたが今日楽しかったことも、楽しくなかったことも書きましょう。

51

年　　月　　日　　　　　　　　　　　　　　　　　　　　　　　90day's Thanks

感謝リスト

当たり前だと思っていることから恩恵を探ってみましょう。あなたが一番感謝が大きかったものはどれですか？　マルをしましょう。

自分褒めリスト

本音リスト

「本を1ページ読んだ」「小さな挑戦ができた」など、ほんの些細なことでも良いのです。

あなたが今日楽しかったことも、楽しくなかったことも書きましょう。

年　月　日　　　　　　　　　　　　　　　　90day's Thanks

感謝リスト

当たり前だと思っていることから恩恵を探ってみましょう。あなたが一番感謝が大きかったものはどれですか？　マルをしましょう。

自分褒めリスト

本音リスト

「本を1ページ読んだ」「小さな挑戦ができた」など、ほんの些細なことでも良いのです。

あなたが今日楽しかったことも、楽しくなかったことも書きましょう。

ルール6 自分の嫌なところ（自分調律）

　人生観が180度変わってしまい、別人のように生まれ変わるのはどんな時だと思いますか？　それは今までの辛かった出来事をどう捉えるか？　つまり出来事に対して「解釈」が180度変わる時なのです。生きていると辛いことや難しいことがたくさんあると思います。でも、それらをただ辛かったことだったり、今考えても腹がたつ出来事という風に捉え続けるのと、辛かった出来事こそ「最大のギフト」だと心の底から感じながら生きるのでは、一生のうちに受け取れる幸福の量と質に雲泥の差が出ます。文字どおり、引き寄せるものの質が変わります。今までの辛かった出来事をあなたの最高のギフトに変えましょう。それができた時、あなたの人間関係、仕事、幸福度、健康面の分野が変わります。嫌なことからメリットを探すことで、物事にはポジティブとネガティブがあり、肯定的側面と否定的側面のどちらかを自分で選んでいるという事実に気づくことがとても大切なのです。このニュートラルの状態こそが、楽しいものと出会えたり、インスピレーションで本当にやりたいことを引き寄せできるのです。

年　　月　　日　　　　　　　　　　　　　　　　　　　　　90day's Thanks

①自分の嫌いなところ・短所・不得意なこと、自分への不満をすべて書き出してみましょう。
　自分の体形のコンプレックスや置かれている状態でも構いません。

②①の嫌な部分から実際に役立っていること、生まれるメリットをすべて書き出してみましょう。
　例）①嫉妬をする②自分が望んでいることを確認できた。

①　　　　　　　　　　　　　　　　　　　②

年　月　日　　　　　　　　　　　　　　　　　　　　90day's Thanks

感謝リスト

当たり前だと思っていることから恩恵を探ってみましょう。あなたが一番感謝が大きかったものはどれですか？　マルをしましょう。

自分褒めリスト

「本を1ページ読んだ」「小さな挑戦ができた」など、ほんの些細なことでも良いのです。

本音リスト

あなたが今日楽しかったことも、楽しくなかったことも書きましょう。

年　　　月　　　日　　　　　　　　　　　　　　　　90day's Thanks

感謝リスト

当たり前だと思っていることから恩恵を探ってみましょう。あなたが一番感謝が大きかったものはどれですか？　マルをしましょう。

自分褒めリスト

「本を1ページ読んだ」「小さな挑戦ができた」など、ほんの些細なことでも良いのです。

本音リスト

あなたが今日楽しかったことも、楽しくなかったことも書きましょう。

年　　月　　日　　　　　　　　　　　　　　　　　　　　　　　　　　90day's Thanks

感謝リスト

当たり前だと思っていることから恩恵を探ってみましょう。あなたが一番感謝が大きかったものはどれですか？　マルをしましょう。

自分褒めリスト

「本を1ページ読んだ」「小さな挑戦ができた」など、
ほんの些細なことでも良いのです。

本音リスト

あなたが今日楽しかったことも、
楽しくなかったことも書きましょう。

年　月　日　　　　　　　　　　　　　　　　　　　　　　　90day's Thanks

感謝リスト

当たり前だと思っていることから恩恵を探ってみましょう。あなたが一番感謝が大きかったものはどれですか？　マルをしましょう。

自分褒めリスト

本音リスト

「本を1ページ読んだ」「小さな挑戦ができた」など、ほんの些細なことでも良いのです。

あなたが今日楽しかったことも、楽しくなかったことも書きましょう。

年　　月　　日　　　　　　　　　　　　　　　　　　　　　90day's Thanks

感謝リスト

当たり前だと思っていることから恩恵を探ってみましょう。あなたが一番感謝が大きかったものはどれですか？　マルをしましょう。

自分褒めリスト

「本を1ページ読んだ」「小さな挑戦ができた」など、ほんの些細なことでも良いのです。

本音リスト

あなたが今日楽しかったことも、楽しくなかったことも書きましょう。

ルール7 自分の欠点を許し、アイラブミーに

　人は書くことによって、自分の本当の気持ちに気づき、その感情を受け入れることができます。書くことはとても深い意味があります。その嫌だった行為の中に、相手がどんな「思い」を秘めているか想像してみてください。その「思い」はあなたにもあります。あなたにもその「思い」を人に伝えたかった瞬間があると思います。これはあの嫌な素質が自分にもある！　と気づかせてくれるのです。このワークは100％落とし込むことで、この後ブレイクスルーします。自分と向き合う覚悟があれば、現実は必ず変わります。例えば、仕事や家族の問題、お金、時間、精神状態など、いろいろな角度から見てください。どんどん突っ込んだ質問を自分にしていくことがポイントです。そうすることで心が浄化されます。「みんな、先に私に優しくしてね」という姿勢だと、優しさの循環ができません。またマイナスを受け入れようとせず、プラスだけを受け入れようとすると、人生がうまく回らないようになっています。これがバランス思考の一つで、自分にも相手にもOKを出すことで自分のことがさらに好きになります。またサポートが来てから何かにチャレンジしなくても、そのチャレンジを心で決めると必ずサポートが来るようになっています。こわいものなんて無くなるのです。これが『宇宙の法則』です。

年　月　日　　　　　　　　　　　　　　　　　　　　

過去に「この人すごく嫌だ」と感じた人（Aさん）を頭に浮かべて、Aさんの嫌なところ、何が嫌だったか？
映画のワンシーンのように思い出して 一つ挙げてください (例えば無視された)。

Aさんの嫌なところはあなたが100％ 誰かに対して自分がやっていることです。その思われたかもしれない人のイニシャルをどんどん書いてください。これを10分以上続けます。できれば書ききってください。

その『嫌なこと』のおかげでどんな利益やメリットがありましたか？　これがメインの質問です。
これを10分以上続けます。できれば書ききってください。

年　月　日　　　　　　　　　　　　　　　　　　　　90day's Thanks

感謝リスト

当たり前だと思っていることから恩恵を探ってみましょう。あなたが一番感謝が大きかったものはどれですか？　マルをしましょう。

自分褒めリスト

「本を1ページ読んだ」「小さな挑戦ができた」など、ほんの些細なことでも良いのです。

本音リスト

あなたが今日楽しかったことも、楽しくなかったことも書きましょう。

年　　月　　日　　　　　　　　　　　　　　　　　　　　　　　90day's Thanks

感謝リスト

当たり前だと思っていることから恩恵を探ってみましょう。あなたが一番感謝が大きかったものはどれですか？　マルをしましょう。

自分褒めリスト

本音リスト

「本を1ページ読んだ」「小さな挑戦ができた」など、ほんの些細なことでも良いのです。

あなたが今日楽しかったことも、楽しくなかったことも書きましょう。

64

年　　月　　日　　　　　　　　　　　　　　　　　　　　　90day's Thanks

感謝リスト

当たり前だと思っていることから恩恵を探ってみましょう。あなたが一番感謝が大きかったものはどれですか？　マルをしましょう。

自分褒めリスト

「本を1ページ読んだ」「小さな挑戦ができた」など、ほんの些細なことでも良いのです。

本音リスト

あなたが今日楽しかったことも、楽しくなかったことも書きましょう。

年　月　日　　　　　　　　　　　　　　　　　　　　　　　　　　90day's Thanks

感謝リスト

当たり前だと思っていることから恩恵を探ってみましょう。あなたが一番感謝が大きかったものはどれですか？　マルをしましょう。

自分褒めリスト

「本を1ページ読んだ」「小さな挑戦ができた」など、
ほんの些細なことでも良いのです。

本音リスト

あなたが今日楽しかったことも、
楽しくなかったことも書きましょう。

年　月　日　　　　　　　　　　　　　　　　　　　90day's Thanks

感謝リスト

当たり前だと思っていることから恩恵を探ってみましょう。あなたが一番感謝が大きかったものはどれですか？　マルをしましょう。

自分褒めリスト

「本を1ページ読んだ」「小さな挑戦ができた」など、ほんの些細なことでも良いのです。

本音リスト

あなたが今日楽しかったことも、楽しくなかったことも書きましょう。

ルール8 成功・達成リスト

あなたの人生で今までに成功や達成できたと思うこと、例えば「自転車に乗れた」「25メートル泳げた」「日記をつけられた」「パソコンを使えるようになった」など、どんな些細なことでも良いので、幼少期から思い出せるだけ書き出してみましょう。そして、書き出したものを見ることで、それだけ自分が挑戦をしてきたという事実、自分が成功できたという事実を褒めてあげましょう。自分で褒める行為は潜在意識に『褒められた』という情報をインプットできるので、多ければ多いほど、あなたの自己肯定感が上がります。自分の成功や達成を他者の評価だけにしてしまうと、常に他者の目が気になるので、他者の顔色ばかり伺ったり、他人に認めてもらわない自分を責めたり、他者も責めてしまったりします。また責任をなすりつけてしまう場合もあります。逆に自分の成功体験を自分で褒めていくと、他者の些細な成功も褒められるようになるので、人間関係がラクになり、仕事のパフォーマンスも上がり、普段の『当たり前』が輝いて、幸福感が溢れていきます。

年　月　日　　　　　　　　　　　　　　　　　　　　90day's Thanks

自分の成功・達成したことをできるだけたくさん書き出しましょう。

年　月　日　　　　　　　　　　　　　　　　　　　　　　　　　　90day's Thanks

感謝リスト

当たり前だと思っていることから恩恵を探ってみましょう。あなたが一番感謝が大きかったものはどれですか？　マルをしましょう。

自分褒めリスト

本音リスト

「本を1ページ読んだ」「小さな挑戦ができた」など、ほんの些細なことでも良いのです。

あなたが今日楽しかったことも、楽しくなかったことも書きましょう。

年　　月　　日　　　　　　　　　　　　　　　　　　　　　　90day's Thanks

感謝リスト

当たり前だと思っていることから恩恵を探ってみましょう。あなたが一番感謝が大きかったものはどれですか？　マルをしましょう。

自分褒めリスト

「本を1ページ読んだ」「小さな挑戦ができた」など、ほんの些細なことでも良いのです。

本音リスト

あなたが今日楽しかったことも、楽しくなかったことも書きましょう。

年　　月　　日　　　　　　　　　　　　　　　　　　　　　　　　　90day's Thanks

感謝リスト

当たり前だと思っていることから恩恵を探ってみましょう。あなたが一番感謝が大きかったものはどれですか？　マルをしましょう。

自分褒めリスト

本音リスト

「本を1ページ読んだ」「小さな挑戦ができた」など、
ほんの些細なことでも良いのです。

あなたが今日楽しかったことも、
楽しくなかったことも書きましょう。

年　月　日　　　　　　　　　　　　　　　　　　　　　　　　　　90day's Thanks

感謝リスト

当たり前だと思っていることから恩恵を探ってみましょう。あなたが一番感謝が大きかったものはどれですか？　マルをしましょう。

自分褒めリスト

本音リスト

「本を1ページ読んだ」「小さな挑戦ができた」など、ほんの些細なことでも良いのです。

あなたが今日楽しかったことも、楽しくなかったことも書きましょう。

年　月　日　　　　　　　　　　　　　　　　　　　　　　　　　　　　　90day's Thanks

感謝リスト

当たり前だと思っていることから恩恵を探ってみましょう。あなたが一番感謝が大きかったものはどれですか？　マルをしましょう。

自分褒めリスト

「本を1ページ読んだ」「小さな挑戦ができた」など、
ほんの些細なことでも良いのです。

本音リスト

あなたが今日楽しかったことも、
楽しくなかったことも書きましょう。

ルール9 生きている貢献

　社会や他者に提供できるあなたの能力のすべてを認識しましょう。例えば「一生懸命働いて、会社に貢献をしている」「コンビニで買い物をしているので、小売業の売上に貢献している」「税金を収めているので国に貢献している」「交通機関を使っているので、バス、駅、電車、それぞれに関わる人たちの生活に貢献している」「衣類を着ているのでその原料を集めた人、メーカー、流通、販売に関わる人の生活に貢献している」「人の悩みを聞いてあげられる」「お父さん、お母さんに孫ができたという喜びを与えられた」など、あなたはもうたくさんの貢献をしてきた人であり、生きている以上それは続くのです。あなたが認めた、もともとある能力や強みにフォーカスし、磨き上げ、他者の幸せに紐づけていきましょう。生きているだけで貢献しているというスタンスは、「与えることができる自分」を潜在意識に刷り込みます。そのため自尊心やセルフイメージが上がり続けるのです。

年　月　日　　　　　　　　　　　　　　　　　　　　　90day's Thanks

人や社会に提供できるすべてを書き出せるだけ書き出してみましょう。

年　　月　　日　　　　　　　　　　　　　　　　　　　　90day's Thanks

感謝リスト

当たり前だと思っていることから恩恵を探ってみましょう。あなたが一番感謝が大きかったものはどれですか？　マルをしましょう。

自分褒めリスト

本音リスト

「本を1ページ読んだ」「小さな挑戦ができた」など、ほんの些細なことでも良いのです。

あなたが今日楽しかったことも、楽しくなかったことも書きましょう。

年　月　日　　　　　　　　　　　　　　　　　　　　　　90day's Thanks

感謝リスト

当たり前だと思っていることから恩恵を探ってみましょう。あなたが一番感謝が大きかったものはどれですか？　マルをしましょう。

自分褒めリスト

「本を1ページ読んだ」「小さな挑戦ができた」など、
ほんの些細なことでも良いのです。

本音リスト

あなたが今日楽しかったことも、
楽しくなかったことも書きましょう。

年　　月　　日　　　　　　　　　　　　　　　　　　　　　　　　90day's Thanks

感謝リスト

当たり前だと思っていることから恩恵を探ってみましょう。あなたが一番感謝が大きかったものはどれですか？　マルをしましょう。

自分褒めリスト

本音リスト

「本を1ページ読んだ」「小さな挑戦ができた」など、ほんの些細なことでも良いのです。

あなたが今日楽しかったことも、楽しくなかったことも書きましょう。

年　月　日　　　　　　　　　　　　　　　　　　　　　　　　　90day's Thanks

感謝リスト

当たり前だと思っていることから恩恵を探ってみましょう。あなたが一番感謝が大きかったものはどれですか？　マルをしましょう。

自分褒めリスト

「本を1ページ読んだ」「小さな挑戦ができた」など、ほんの些細なことでも良いのです。

本音リスト

あなたが今日楽しかったことも、楽しくなかったことも書きましょう。

年　月　日　　　　　　　　　　　　　　　　　　　　　　　90day's Thanks

感謝リスト

当たり前だと思っていることから恩恵を探ってみましょう。あなたが一番感謝が大きかったものはどれですか？　マルをしましょう。

自分褒めリスト

本音リスト

「本を1ページ読んだ」「小さな挑戦ができた」など、ほんの些細なことでも良いのです。

あなたが今日楽しかったことも、楽しくなかったことも書きましょう。

あるデータでは、《80才の80％が「チャレンジ」しなかったことに後悔していると答えた》と報告されています。あなたが生きているうちに叶えたいことや、チャレンジしないと後悔してしまう『25のリスト』を書きましょう。次に、あなたが書いた25のリストが叶えられる理由を書きましょう。例えば、「私には勇気がある」「私には教えてくれる師匠がいる」など、『具体的に創意工夫できることは何か』も明確に書き出してみましょう。たくさん思いつけば思いつくほど、刷り込めば刷り込むほど「この願いは叶って当たり前だ」と脳を納得させることができます。一番大切なのは、それらが本当に自分にとって大切なのであれば、どんな良い気分で過ごすことができるのかを味わってみるということです。出てきた感情を感じるようにしてください。そうすることで新しい脳のニューロン（神経回路）が構築されて意識やセルフイメージが変わり、引き寄せが変わります。

年　月　日　　　　　　　　　　　　　　　　　　　　　　　　90day's Thanks

> 生きているうちに叶えたいことやチャレンジしないと後悔してしまう25のリストを書きましょう。

> それらが本当に自分にとって大切なのであれば、どんな良い気分で過ごすことができますか？
> 具体的に創意工夫できることは何か、明確に書き出してみましょう。

年　月　日　　　　　　　　　　　　　　　　　　　　　　　　90day's Thanks

感謝リスト

当たり前だと思っていることから恩恵を探ってみましょう。あなたが一番感謝が大きかったものはどれですか？　マルをしましょう。

自分褒めリスト

本音リスト

「本を1ページ読んだ」「小さな挑戦ができた」など、ほんの些細なことでも良いのです。

あなたが今日楽しかったことも、楽しくなかったことも書きましょう。

年　　月　　日　　　　　　　　　　　　　　　　　　　　　　　90day's Thanks

感謝リスト

当たり前だと思っていることから恩恵を探ってみましょう。あなたが一番感謝が大きかったものはどれですか？　マルをしましょう。

自分褒めリスト

本音リスト

「本を1ページ読んだ」「小さな挑戦ができた」など、ほんの些細なことでも良いのです。

あなたが今日楽しかったことも、楽しくなかったことも書きましょう。

年　月　日　　　　　　　　　　　　　　　　　　　　　　90day's Thanks

感謝リスト

当たり前だと思っていることから恩恵を探ってみましょう。あなたが一番感謝が大きかったものはどれですか？　マルをしましょう。

自分褒めリスト

本音リスト

「本を1ページ読んだ」「小さな挑戦ができた」など、ほんの些細なことでも良いのです。

あなたが今日楽しかったことも、楽しくなかったことも書きましょう。

年　　月　　日　　　　　　　　　　　　　　　　　　　　90day's Thanks

感謝リスト

当たり前だと思っていることから恩恵を探ってみましょう。あなたが一番感謝が大きかったものはどれですか？　マルをしましょう。

自分褒めリスト

本音リスト

「本を1ページ読んだ」「小さな挑戦ができた」など、ほんの些細なことでも良いのです。

あなたが今日楽しかったことも、楽しくなかったことも書きましょう。

年　月　日　　　　　　　　　　　　　　　　　　　　　　　　　　　　90day's Thanks

感謝リスト

当たり前だと思っていることから恩恵を探ってみましょう。あなたが一番感謝が大きかったものはどれですか？　マルをしましょう。

自分褒めリスト

本音リスト

「本を1ページ読んだ」「小さな挑戦ができた」など、ほんの些細なことでも良いのです。

あなたが今日楽しかったことも、楽しくなかったことも書きましょう。

ルール11
成功・夢・幸せ

　そもそも『成功・夢・幸せ』とは、誰が決めるものだと思いますか？　それは他者ではなく、自分自身で決めるものではないでしょうか。なのに私たちは「失敗は格好が悪い。だから失敗したくない」「恥をかきたくない。わたしはダメな人間だ」と極端に他者の目を気にして、制限をかけています。それは育ってきた環境によって、「他人の価値観で生きなければならない」と心の深いところで信じ込んでしまったからなのです。この信じ込みは、あなたが『聞いた言葉』でできています。だとすれば、『入れる言葉』によって信じ込みを書き換えることだってできるのです。『成功・夢・幸せ』のサイズ、感じ方、定義はあなたの自由です。それが自分の望みどおりに生きることであり、決して他者に変えられない素晴らしい豊かさの領域で永遠に生きることなのです。生まれてくる時に、宇宙とそう約束してきたのですから……。

年　　月　　日　　　　　　　　　　　　　　　　　　　　　　　　90day's Thanks

そもそもあなたが求めている『成功・夢・幸せ』とはどういったモノ・コト・感情でしょうか？　なるべく具体的に思いつくだけ書き出してみましょう。

成功	夢	幸せ

年　　月　　日　　　　　　　　　　　　　　　　　　　　　　90day's Thanks

感謝リスト

当たり前だと思っていることから恩恵を探ってみましょう。あなたが一番感謝が大きかったものはどれですか？　マルをしましょう。

自分褒めリスト

本音リスト

「本を1ページ読んだ」「小さな挑戦ができた」など、ほんの些細なことでも良いのです。

あなたが今日楽しかったことも、楽しくなかったことも書きましょう。

年　　月　　日　　　　　　　　　　　　　　　　　　90day's Thanks

感謝リスト

当たり前だと思っていることから恩恵を探ってみましょう。あなたが一番感謝が大きかったものはどれですか？　マルをしましょう。

自分褒めリスト

「本を1ページ読んだ」「小さな挑戦ができた」など、
ほんの些細なことでも良いのです。

本音リスト

あなたが今日楽しかったことも、
楽しくなかったことも書きましょう。

年　月　日　　　　　　　　　　　　　　　　　　　　90day's Thanks

感謝リスト

当たり前だと思っていることから恩恵を探ってみましょう。あなたが一番感謝が大きかったものはどれですか？　マルをしましょう。

自分褒めリスト

本音リスト

「本を1ページ読んだ」「小さな挑戦ができた」など、ほんの些細なことでも良いのです。

あなたが今日楽しかったことも、楽しくなかったことも書きましょう。

年　　月　　日　　　　　　　　　　　　　　　　　　　　　90day's Thanks

感謝リスト

当たり前だと思っていることから恩恵を探ってみましょう。あなたが一番感謝が大きかったものはどれですか？　マルをしましょう。

自分褒めリスト

本音リスト

「本を1ページ読んだ」「小さな挑戦ができた」など、ほんの些細なことでも良いのです。

あなたが今日楽しかったことも、楽しくなかったことも書きましょう。

年　　月　　日　　　　　　　　　　　　　　　　　　　　　　　　　90day's Thanks

感謝リスト

当たり前だと思っていることから恩恵を探ってみましょう。あなたが一番感謝が大きかったものはどれですか？　マルをしましょう。

自分褒めリスト

本音リスト

「本を1ページ読んだ」「小さな挑戦ができた」など、ほんの些細なことでも良いのです。

あなたが今日楽しかったことも、楽しくなかったことも書きましょう。

あなたは他者に「どんな扱いをしてもらいたいのか」「して欲しいこと」「過去にしてもらえて嬉しかったこと」「してもらって気分が良くなったこと」「言ってもらえると嬉しい言葉」を紙面一杯に書き出してみましょう。ここで大切なのは、自分の喜びポイントを理解するということです。書き出した後に、この先の文を読んでください。

《ブーメランの法則、投げかけの法則、先払いの法則といって、「人生は投げかけたものが返ってくる。投げかけないものは返ってこない」という原理原則があります。あなたも経験はありませんか？　つまり、あなたが他者にしてもらいたいことや扱いを先にあなたが他者に投げかけることによって、それが返ってくるというシンプルな原理原則です。ポイントは伝えた本人から見返りを求めないことです。あなたの行為自体が巡り巡って返ってくるのを、気分良く待ちましょう。また他者の良いところを褒めると、あなたの潜在意識は「褒められた」という感覚になり、セルフイメージも高くなります》

年　　月　　日　　　　　　　　　　　　　　　　　　　　90day's Thanks

> 他者にどんな風に扱われたいと思いますか。紙面一杯に書き出してみましょう。

年　　　月　　　日　　　　　　　　　　　　　　　　　　　　90day's Thanks

感謝リスト

当たり前だと思っていることから恩恵を探ってみましょう。あなたが一番感謝が大きかったものはどれですか？　マルをしましょう。

自分褒めリスト

「本を1ページ読んだ」「小さな挑戦ができた」など、ほんの些細なことでも良いのです。

本音リスト

あなたが今日楽しかったことも、楽しくなかったことも書きましょう。

年　　月　　日　　　　　　　　　　　　　　　　　　　　90day's Thanks

感謝リスト

当たり前だと思っていることから恩恵を探ってみましょう。あなたが一番感謝が大きかったものはどれですか？　マルをしましょう。

自分褒めリスト

本音リスト

「本を1ページ読んだ」「小さな挑戦ができた」など、ほんの些細なことでも良いのです。

あなたが今日楽しかったことも、楽しくなかったことも書きましょう。

年　　　月　　　日　　　　　　　　　　　　　　　　　　　　　　　90day's Thanks

感謝リスト

当たり前だと思っていることから恩恵を探ってみましょう。あなたが一番感謝が大きかったものはどれですか？　マルをしましょう。

自分褒めリスト

本音リスト

「本を1ページ読んだ」「小さな挑戦ができた」など、ほんの些細なことでも良いのです。

あなたが今日楽しかったことも、楽しくなかったことも書きましょう。

年　月　日　　　　　　　　　　　　　　　　　　　　90day's Thanks

感謝リスト

当たり前だと思っていることから恩恵を探ってみましょう。あなたが一番感謝が大きかったものはどれですか？　マルをしましょう。

自分褒めリスト

本音リスト

「本を1ページ読んだ」「小さな挑戦ができた」など、ほんの些細なことでも良いのです。

あなたが今日楽しかったことも、楽しくなかったことも書きましょう。

年　　　月　　　日　　　　　　　　　　　　　　　　　　90day's Thanks

感謝リスト

当たり前だと思っていることから恩恵を探ってみましょう。あなたが一番感謝が大きかったものはどれですか？　マルをしましょう。

自分褒めリスト

「本を１ページ読んだ」「小さな挑戦ができた」など、ほんの些細なことでも良いのです。

本音リスト

あなたが今日楽しかったことも、楽しくなかったことも書きましょう。

ルール13
本当の望みを知る（在り方）

あなたの『本当の望み』とは何でしょうか？　願望が叶うことでしょうか？　実は人の願望の正体は「願望を手にした時の気分」であり、さらにいうと「望みどおり生きている感覚」です。願望はそれを味わうための一つ手段に過ぎないのです。だとすると、その「感覚」さえ掴んでいれば、物質世界の願望に依存することがなくなります。それは「自分がどんな人間（存在）で在りたいか」によって決まります。それが魂のナビゲーションになり、その在り方に沿った人、物、情報が証拠として現れます。意識を在り方に向けることで、視野が広がります。そのため、自分自身の頭の中で考えていることを言語化することで、抽象的なものが具体的に変わります。この在り方の基準に沿って物事を進めていけば、勇気がいる選択をする必要もあると思います。しかし、あなた自身が選択したことで決して後悔しない、望みどおり生きている感覚を得られ続けるのです。

年　月　日　　　　　　　　　　　　　　　　　　　90day's Thanks

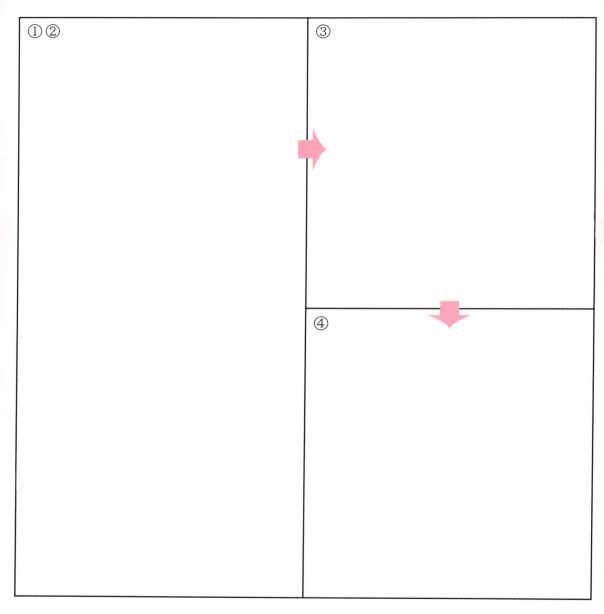

①実際に経験した嫌なこと、辛かったことを書き出してください（できるだけ多く）。
例）小学生の時、イジメられた／お金がずっとない状態が続いた／大好きな彼にフラれた

②①で書き出したことをよく似たもの同士をグルーピングしてください。

③②でグルーピングしたもののうち、本当に嫌だったことを3つ書き出してください。

④③で書き出した3つについて、裏を返せば自分がどんな人間（存在）で在りたいか
言葉で表現してみましょう。
例）・イジメられたこと／イジメ見たこと　⇒　一人ひとりを尊重し大切にする人間で在りたい
　　・お金がない状態　⇒　自分が稼いで当然で在りたい

年　月　日　　　　　　　　　　　　　　　　　　　　90day's Thanks

感謝リスト

当たり前だと思っていることから恩恵を探ってみましょう。あなたが一番感謝が大きかったものはどれですか？　マルをしましょう。

自分褒めリスト

本音リスト

「本を1ページ読んだ」「小さな挑戦ができた」など、ほんの些細なことでも良いのです。

あなたが今日楽しかったことも、楽しくなかったことも書きましょう。

年　　月　　日　　　　　　　　　　　　　　　　　　　　　　　　90day's Thanks

感謝リスト

当たり前だと思っていることから恩恵を探ってみましょう。あなたが一番感謝が大きかったものはどれですか？　マルをしましょう。

自分褒めリスト

本音リスト

「本を1ページ読んだ」「小さな挑戦ができた」など、ほんの些細なことでも良いのです。

あなたが今日楽しかったことも、楽しくなかったことも書きましょう。

106

年　月　日　　　　　　　　　　　　　　　　　　　　　90day's Thanks

感謝リスト

当たり前だと思っていることから恩恵を探ってみましょう。あなたが一番感謝が大きかったものはどれですか？　マルをしましょう。

自分褒めリスト

本音リスト

「本を1ページ読んだ」「小さな挑戦ができた」など、ほんの些細なことでも良いのです。

あなたが今日楽しかったことも、楽しくなかったことも書きましょう。

年　　月　　日　　　　　　　　　　　　　　　　　　　　90day's Thanks

感謝リスト

当たり前だと思っていることから恩恵を探ってみましょう。あなたが一番感謝が大きかったものはどれですか？　マルをしましょう。

自分褒めリスト

「本を1ページ読んだ」「小さな挑戦ができた」など、ほんの些細なことでも良いのです。

本音リスト

あなたが今日楽しかったことも、楽しくなかったことも書きましょう。

年　月　日　　　　　　　　　　　　　　　　　　　　90day's Thanks

感謝リスト

当たり前だと思っていることから恩恵を探ってみましょう。あなたが一番感謝が大きかったものはどれですか？　マルをしましょう。

自分褒めリスト

本音リスト

「本を1ページ読んだ」「小さな挑戦ができた」など、ほんの些細なことでも良いのです。

あなたが今日楽しかったことも、楽しくなかったことも書きましょう。

ルール14 他者の喜び

あなたがこれをすると、誰かに「ありがとう」と言われるかもしれないことを書き出してみましょう。その『誰か』は身内、他人、SNS、想像上の人でOKです。例えば「マンションの玄関を掃除する」と書いた場合は、喜ぶ人をたくさん想像してもよいでしょう。「トイレの便器を磨く」「お手伝いをする」「挨拶をする」「寄付をする」など、大きさ、種類は何でもいいのです。また、相手に直接「ありがとう」と言われなくても全然OKです。あなたがあげたリストから、できることを1日3回やってみてください。ラクなテンションで継続できることがポイントです。1日1回でも構いません、想像するだけでもあなたには価値が生まれるのです。自分以外の誰かが喜ばせることで、あなたを大切にしてくれる人が増えて、セルフイメージも上がります。あくまでも与えて貢献しているという在り方を創るのが大切なのです。すると自分の価値を自分で創り出すことができるので、自分のことがさらに好きになっていくのです。

年　　月　　日　　　　　　　　　　　　　　　　　　　90day's Thanks

誰に	何をすれば喜ぶだろう

年　月　日　　　　　　　　　　　　　　　　　　　　　　90day's Thanks

感謝リスト

当たり前だと思っていることから恩恵を探ってみましょう。あなたが一番感謝が大きかったものはどれですか？　マルをしましょう。

自分褒めリスト

「本を1ページ読んだ」「小さな挑戦ができた」など、ほんの些細なことでも良いのです。

本音リスト

あなたが今日楽しかったことも、楽しくなかったことも書きましょう。

年　月　日　　　　　　　　　　　　　　　　　　　　90day's Thanks

感謝リスト

当たり前だと思っていることから恩恵を探ってみましょう。あなたが一番感謝が大きかったものはどれですか？　マルをしましょう。

自分褒めリスト

本音リスト

「本を1ページ読んだ」「小さな挑戦ができた」など、ほんの些細なことでも良いのです。

あなたが今日楽しかったことも、楽しくなかったことも書きましょう。

年　月　日　　　　　　　　　　　　　　　　　　　　　　　　90day's Thanks

感謝リスト

当たり前だと思っていることから恩恵を探ってみましょう。あなたが一番感謝が大きかったものはどれですか？　マルをしましょう。

自分褒めリスト

本音リスト

「本を1ページ読んだ」「小さな挑戦ができた」など、ほんの些細なことでも良いのです。

あなたが今日楽しかったことも、楽しくなかったことも書きましょう。

年　月　日　　　　　　　　　　　　　　　　　　　　　　　　　90day's Thanks

感謝リスト

当たり前だと思っていることから恩恵を探ってみましょう。あなたが一番感謝が大きかったものはどれですか？　マルをしましょう。

自分褒めリスト

本音リスト

「本を1ページ読んだ」「小さな挑戦ができた」など、ほんの些細なことでも良いのです。

あなたが今日楽しかったことも、楽しくなかったことも書きましょう。

年　　月　　日　　　　　　　　　　　　　　　　　　　　　　　90day's Thanks

感謝リスト

当たり前だと思っていることから恩恵を探ってみましょう。あなたが一番感謝が大きかったものはどれですか？　マルをしましょう。

自分褒めリスト

本音リスト

「本を1ページ読んだ」「小さな挑戦ができた」など、ほんの些細なことでも良いのです。

あなたが今日楽しかったことも、楽しくなかったことも書きましょう。

116

ルール15 自分に応援

「私は自由に願望実現できる。なぜなら私は……」という理由や動機は、とても大切です。願望実現にあたり、あなたが大好きな人を応援するように、あなた自身を応援してください。具体的なアクションや考え方など、なんでもよいので出し切りましょう。自分を勇気づけたり、心が温かくなるようなアドバイスの言葉を書きましょう。あなたの人生はあなた以外の人に従う必要はないのです。あなたがあなたのことをどう思っているかがすべてなのです。だからこそ、その理由を先に創るのです。

マザー・テレサの言葉に、《思考に気をつけなさい、それはいつか言葉になるから。言葉に気をつけなさい、それはいつか行動になるから。行動に気をつけなさい、いつかそれは習慣になるから。習慣に気をつけなさい、それはいつか性格になるから。性格に気をつけなさい、それはいつか運命になるから》というものがあります。普段あなたが使っている言葉があなたそのものであり、あなたの未来を創っていくのです。

年　月　日　　　　　　　　　　　　　　　　　　　　90day's Thanks

自分を勇気づけたり、心が温かくなるようなアドバイスの言葉を書きましょう。

おわりに ── to Soul mate

90日間たくさんのワークや感謝、セルフチェック、アファメーション、
自己肯定、感情開放を通じて、
あなたの潜在意識は確実に書き換わっています。

つまり、あなたは引き寄せ体質に生まれ変わっているのです。

新しく生まれ変わったあなたは
理想のセルフイメージになり、
メンタルブロックも解除できるようになり、
今まで体験できなかった現実を引き寄せられるようになります。

本書の冒頭でもお伝えしたように、**人生は習慣の織物**です。

このワークは呼吸のように私たちにとって必要不可欠なものであり、
できれば一生続けていただきたいのです。

プロのスポーツ選手は毎日毎日練習をして、
最高のコンディションをキープしています。

引き寄せも同じなのです。

過去を書き換えたあなた自身をもっともっと幸せにしてあげてほしいのです。

それがあなたの人生です。

今、私は
これをお読みになっているあなたに出会えたことに
心から感謝しております。

私はあなたの人生が自由で軽やかで優しくて、
輝くようにずっとずっとお祈りしています。

**あなたの世界が優しくて、美しくて、温かくて、
軽やかで、豊かで、愛されながら
ずっとずっとずっと幸せを感じていられますように。**

| 著者 | 木下 けい |

ドリームダイアリーメソッド講師
魔法の質問で幸運体質にする
超ゆる〜い引き寄せコーチ

・講師業・福祉業・広告デザイン業・コンサル業
和歌山県生まれ。サラリーマンから飲食店オーナーへと起業。創業から約3年で事業は4店舗、年商は億単位に。しかし、傲慢な経営により事業は急降下。2014年には借金地獄、破産寸前、約2年ホームレス社長になる。シンガポールで最初のメンターから『宇宙の原理原則』を学び、自身が次元上昇を体験する。それを体系化し、『ドリームダイアリーメソッド』を創る。
現在、「ドリームダイアリーメソッド講座」年間100本以上（2018年実績）、「絵で表現するビジュアルセッション」、「コーチング」などで、数多くのクライアントの相談に応えている。多くの人が本当の可能性で生き、自由で豊かで幸せな存在になるための活動をし続けている。
・ドリームダイアリーメソッド講師
・ほめ達検定3級
・一日講演家、鴨頭嘉人さん主催『スーパープレゼンテーションアワード』優秀賞
★ホームページ
PC　　https://hikiyosekai.jimdo.com/
FB　　https://www.facebook.comHIKIYOSENOKAI/
木下けいブログ　goo.gl/2cDekP
★引き寄せのドリームダイアリーメソッド LINE@
https://line.me/R/ti/p/%40vwr5393d

【参考文献】
『思考は現実化する』ナポレオン・ヒル 著、田中孝顕 訳／きこ書房

超幸運体質になれるゆる〜いワークブック
〜たった90日で世界で一番自分を好きになる〜

2019年10月7日　第一版　第一刷

著　者　木下 けい
発行人　西 宏祐
発行所　株式会社ビオ・マガジン
　　〒141-0031　東京都品川区西五反田 8-11-21
　　五反田TRビル 1F
　　TEL：03-5436-9204　FAX：03-5436-9209
　　http://biomagazine.co.jp/

印刷・製本　株式会社シナノパブリッシングプレス

万一、落丁または乱丁の場合はお取り替えいたします。
本書の無断複製（コピー、スキャン、デジタル化等）並びに無断複製物の譲渡および配信は、著作権法上での例外を除き禁じられています。

ISBN978-4-86588-047-2　C0011
© Kei Kinoshita 2019 Printed in Japan